AF242198

RECUEIL
DE PIECES

Envoyées ou lues jufqu'au 5 Décembre 1791,

A L'ASSEMBLÉE NATIONALE
ET AU ROI,

Par les Députés de l'Affemblée Générale de Saint-Domingue, relativement aux défaftres de cette malheureufe Colonie, & DÉNONCIATION de BRISSOT, comme un des auteurs,

DISCOURS fait à l'Affemblée Nationale, le 30 Novembre 1791, par les Députés de Saint-Domingue ; imprimé par ordre de l'Affemblée Nationale, & RÉPONSE du Préfident.

ADRESSÉ AU ROI, par les mêmes, du 2 Décembre.

PÉTITION faite à l'Affemblée Nationale, par les mêmes, le 2 Décembre, lue le 3.

LETTRE adreffée le 5 Décembre à M. le Préfident de l'Affemblée Nationale, par les mêmes, lue le 6 Décembre, qui dénonce M. BRISSOT comme un des auteurs des défaftres arrivés à Saint-Domingue.

A PARIS,

DE L'IMPRIMERIE NATIONALE.

1791.

DISCOURS

FAIT A L'ASSEMBLÉE NATIONALE,

Le 30 Novembre 1791 ,

Par MM. les Commissaires de l'Assemblée Générale de la partie Française de Saint-Domingue.

IMPRIMÉ PAR ORDRE DE L'ASSEMBLÉE NATIONALE.

MESSIEURS,

L'Assemblée Générale de la partie Française de Saint-Domingue nous a nommés commissaires auprès de vous.

A ce titre, le premier de nos devoirs est de vous assurer de son attachement inviolable à la métropole, avant de vous peindre les événemens affreux qui dévorent cette portion intéressante de l'Empire, & de solliciter les secours les plus prompts & les plus puissans pour en sauver, s'il est possible encore, les malheureux débris.

Depuis long-temps nous prévoyions les maux qui nous frappent, & qui sans doute nous anéantiront, si la puissance & la justice nationale ne viennent rapidement nous secourir.

Nous venons vous en offrir le détail, qui ne vous donnera

cependant qu'une idée imparfaite de nos défaftres & de notre fituation.

L'Affemblée Générale de la partie Françaife de Saint-Domingue, après s'être conftituée à Léogane, avoit défigné la ville du Cap pour la tenue de fes féances. Les Députés s'y rendoient fucceffivement pour y remplir leur miffion.

Quelques-uns d'eux arriverent le 16 au quartier du Limbé, diftant de fix lieues du Cap; ils y furent témoins de l'incendie d'une cafe à Bagaffe, fur l'habitation Chabaud.

L'incendiaire étoit un negre, commandeur de l'habitation Defgrieux; ce negre, armé d'un fabre, s'évadoit : M. Chabaud le voit, le pourfuit & l'atteint. Combat entr'eux, le negre eft bleffé, capturé & mis aux fers.

On l'interroge : il dépofe que tous les commandeurs, cochers, domeftiques, & principaux affidés des habitations voifines & des quartiers adjacens, ont formé le complot de mettre le feu aux habitations, & d'égorger tous les blancs. Il défigne pour chefs quelques noirs de l'habitation de fon maître, quatre de celle de Flaville, fituée à l'Acul, diftante de trois lieues du Cap, & le negre Paul, commandeur de l'habitation Blin au Limbé.

La Municipalité du Limbé fe tranfporte chez M. Chabaud : mêmes queftions au negre incendiaire; mêmes réponfes. La Municipalité en dreffe procès-verbal, l'envoie à l'Affemblée Provinciale du Nord, prévient les habitans du quartier, indique au procureur de l'habitation Flaville le nom des conjurés qui font chez lui, l'invite à s'en affurer, & à les traduire à la conciergerie du Cap.

Celui-ci, plus confiant que foupçonneux, fenfible & bon, raffemble les Negres foumis à fon adminiftration, leur communique l'avis de la Municipalité, leur dit qu'il ne peut croire un complot aussi atroce, & leur offre sa tête s'ils la desirent; tous lui répondent que la déposition du Commandeur de l'habitation d'Egrieux est une imposture odieuse & lui jurent un inviolable attachement; il eut la foiblesse d'y croire; cet excès de confiance nous a perdus. La Municipalité du Limbé requiert M. Planteau, Procureur de l'habitation Blin, de lui représenter le negre Paul. Cet esclave interrogé, répond : que l'accusation portée contre lui est fausse & calomnieuse, que plein de reconnoissance pour les bontés de son maître, dont il reçoit tous les jours de nouveaux bienfaits, on ne le verra jamais tremper dans des complots tramés contre l'exis-tence des blancs & contre leurs propriétés.

A la faveur de cette déclaration perfide, & sur l'assurance que donne M. Planteau, que ce negre mérite confiance, il est relâché.

Les choses resterent dans cet état jusqu'au 21, que la force publique du Limbé, sur la réquisition de la Municipalité, se transporta sur l'habitation d'Egrieux pour arrêter le negre cuisinier, dénoncé comme un des principaux chefs. Le negre s'évade, va trouver le negre Paul, de l'habitation Blin, & de concert avec les autres conjurés, ils préparent le fer & la torche destinés à l'exécution de leurs horribles projets.

Dans la nuit du 22 au 23, douze negres vont à la sucrerie de l'habitation de Noé à l'Acul, saisissent l'apprentif raffineur & le traînent devant la maison principale, où il expire sous les coups dont ils le percent. Ses cris font sortir le Procureur de l'habitation : il est renversé de deux coups de fusils. Les scélérats marchent vers l'appartement du raffineur, l'assassinent dans son lit, frappent à coups de sabre un jeune homme ma-lade couché dans une chambre voisine, qui, laissé pour mort, se traîne cependant fur l'habitation limitrophe, où il apprend les horreurs dont il a été témoin, & annonce que le chirurgien a été feul épargné ; exception qui s'eft renouvellée à l'égard de prefque tous les chirurgiens, dont les negres avoient calculé que les fecours pouvoient leur devenir utiles.

Les brigands courent enfuite fur l'habitation Clément, & y tuent le propriétaire & le raffineur.

Le jour commence à paroître, & il favorife la réunion des fcélérats, qui parcourent toute la plaine avec des cris affreux, incendient les maifons, les cannes, & égorgent les habitans.

Dans la même nuit, la révolte avoit éclaté fur les trois habitations de Galifet : les noirs de l'une de ces habitations pénétrent, les armes à la main, dans la chambre du raffineur, veulent l'affaffiner, & ne le bleffent qu'au bras : l'obfcurité le favorife, il s'échappe, il fuit, & arrive à l'habitation principale. Les blancs, qui y font attachés, fe réuniffent pour fe défendre. M. Odeluc, Membre de l'Affemblée générale & Procureur des biens Galifet, vient au Cap, & y dénonce la révolte de fes noirs. On le fait accompagner de la Maréchauffée ; elle parvient à l'habitation, s'empare des chefs, & les conduit à la ville, M. Odeluc à leur tête. Il repart fur-le-champ avec vingt hommes armés, pour rétablir le calme & maintenir l'ordre. Mais tous les negres fe réuniffent & l'affailliffent. Ils avoient pour banniere le cadavre d'un enfant blanc, empalé au bout d'une pique. M. Odeluc, s'adreffant alors à fon negre cocher, devenu l'un des chefs, lui dit : malheureux, je ne t'ai jamais fait que du bien, pourquoi veux-tu ma mort ? --- Cela eft vrai, répond-il, mais j'ai promis de vous égorger, & à l'inftant mille coups lui font portés. La majeure partie des blancs périt avec lui : & notamment M. d'Averoult, auffi Membre de l'Affemblée générale.

Dans le même moment, l'attelier Flaville, celui-là même qui avoit juré fidélité au Procureur, s'arme, se révolte, entre dans les appartemens des Blancs, en massacre cinq attachés à l'habitation. La femme du Procureur demande à genoux la vie de son mari ; les negres sont inexorables; ils assassinent l'époux en disant à l'épouse infortunée qu'elle & ses filles sont destinées à leurs plaisirs.

M. Robert, charpentier, employé sur la même habitation, est saisi par ses negres, qui le garrottent entre deux planches & le scient avec lenteur.

Un jeune homme de seize ans, blessé dans deux endroits, échappe à la fureur des cannibales, & c'est de lui que nous tenons ces faits. Là, les torches succedent aux poignards: on met le feu aux cannes de l'habitation, les bâtimens suivent de près. C'est le signal convenu ; la révolte est annoncée ; elle éclate avec la rapidité de l'éclair sur les habitations adjacentes, autant de blancs qu'on apperçoit, autant des victimes égorgées : hommes, femmes, enfans, vieillards, tous expirent indistinctement sous le couteau des assassins.

Un colon est égorgé par celui de ses negres qu'il avoit comblé de bienfaits : son épouse, jetée sur son cadavre, est forcée d'assouvir la brutalité de ce scélérat.

M. Cagnet, habitant de l'Acul voulant échapper à tant de fureurs, s'embarque pour le Cap ; son negre, domestique, sollicite la permission de le suivre : cette marque d'attachement détermine son maître à l'engager à rester pour veiller sur son habitation & tâcher de la préserver ; il le promet ; mais à peine M. Cagnet a-t-il le pied à bord, qu'il voit cet esclave la torche à la main, & portant le feu dans ses propriétés.

Des exprès sont dépêchés vers la ville du Cap ; aussi-tôt elle

envoie des Citoyens armés & des Troupes de ligne ; ils se tranf-
portent vers le plus fort raffemblement, & en détruifent une
partie ; mais reconnoiffant que le nombre des révoltés s'accroît
en raifon centuple de leurs pertes, & trop foibles pour réfifter,
ils fe replient en attendant de nouveaux fecours, qui n'arriverent que dans la nuit, fous les ordres de M. de Thouzard,
qui prit le commandement de la petite armée.

M. de Thouzard, appercevant que les révoltés fe rallioient
fur l'habitation Latour, s'y tranfporta. Ils pouvoient être de
trois ou quatre mille : à l'inftant de faire jouer l'artillerie pour
diffiper cet attroupement, les negres feignirent de vouloir fe
rendre. M. de Thouzard s'avança, une foule d'entr'eux affure
ce commandant qu'ils alloient fe rendre à leur devoirs ; il crut
à leur repentir & fe retira : l'humanité, l'intérêt de la Colonie,
lui en faifoient un devoir ; mais il ne tarda pas à être défabufé :
les negres ne fe diviferent que pour aller fe groffir de tous les
atteliers des environs. L'armée étoit rentrée en ville pour faire
de nouvelles difpofitions propres à arrêter le défordre : les révoltés profiterent de cet intervalle pour mettre le comble à leurs
brigandages. Les communications avec les quartiers adjacens
étoient interrompues : nous y craignions les mêmes défordres :
nos craintes furent bientôt confirmées. Nous apprîmes, par des
perfonnes échappées par mer, que le Limbé, Plaifance, le port
Margot, étoient en proie aux mêmes horreurs, & chaque Ci-
toyen en nous apprenant fes malheurs nous découvre de nouveaux forfaits.

M. Potier, habitant du port Margot, avoit appris à lire &
à écrire à fon negre Commandeur ; il lui avoit donné la liberté
dont il jouiffoit, il lui avoit légué dix mille livres qu'on alloit
lui payer, il avoit donné pareillement à la mere de ce negre
une portion de terre fur laquelle elle recueilloit du café ; le

monftre fouleve l'attelier de fon bienfaiteur, & celui de fa mere, embrafe & confume leurs poffeffions, &, pour cette action, il eft promu au généralat.

A la grande Riviere, un habitant, M. Cardineau, avoit deux enfans naturels de couleur, à qui il avoit donné la liberté, & dont il avoit foigné l'enfance avec la plus tendre follicitude ; ils fe préfentent à lui le piftolet fur la gorge, lui demandent fon argent ; il confent à leur demande ; à peine s'en font-ils faifis qu'ils le poignardent.

A l'Acul, M. Chauvet du Breuil, Député à l'Affemblée générale, eft affaffiné par un mulâtre de feize ans, fon fils naturel, à qui il deftinoit fa fortune, après l'avoir affranchi dès fon adolefcence.

A la grande ravine du Limbé, un colon, pere de deux jeunes demoifelles blanches, eft garroté par un griffe, chef d'une bande ; il viole l'aînée en fa préfence, donne l'autre à un de fes fatellites : leur paffion fatisfaite, le pere & les filles font égorgés.

M. & Madame Baillon, leur gendre & leur fille, encouragés par leurs negres, demeurent fur leur habitation ; mais les brigandages de ceux dans lefquels ils avoient plus de confiance, les avertiffent qu'il eft temps de fuir.

La nourrice de Madame Baillon, la jeune, lui avoue qu'il n'y a même pas un inftant à perdre, & elle s'offre à l'accompagner ; un vieux ferviteur s'engage à guider leurs pas ; heureufement la nourrice de Madame Baillon étoit femme de Paul Belin, l'un des généraux negres, & elle en avoit obtenu des alimens pour fes maîtres. Il avoit même promis, d'après fes inftances, de faire trouver dans un embarcadaire éloigné, un canot pour tranfporter ces fugitifs au Cap ; mais quelle fut leur douleur en voyant un petit efquif fans mât ;

fans rames & fans conducteurs ! l'un deux tente de s'embarquer, la frêle nacelle fe renverse, & ce n'eft qu'avec la plus grande peine qu'on lui fauve la vie. Nouvelles follicitations au negre Paul ; fa femme lui reproche la maniere dont il a rempli fa promeffe ; il répond qu'il n'avoit donné ce moyen que comme un genre de mort préférable à celui que les révoltés préparoient à ces infortunés, que ce récit glace d'effroi. Leur défefpoir réveille leurs forces ; ils fe mettent en marche, & après vingt-un jours, pendant lefquels ils n'ont pu faire qu'environ cinq lieues, au milieu des terreurs, ils arrivent au camp du Port-Margot, d'où ils fe font rendus au Cap.

Pendant ce temps, la flamme fe portoit de toute part ; la petite Anfe, la pleine du Nord, le quartier Morin, Limonade, n'offrent que des monceaux de cendres & de cadavres.

Il femble qu'on ne pourroit rien ajouter à l'horreur de ces tableaux ; cependant, Meffieurs, les traits en deviennent plus effroyables, lorfqu'on voit que les efclaves les mieux traités par leurs maîtres ont été l'ame de la révolte. Ce font eux qui les ont trahis, & qui les ont livrés au fer des meurtriers ; ce font eux qui ont féduit & foulevé les atteliers fideles ; ce font eux qui ont égorgé ceux qui refufoient de devenir leurs complices. Quelle leçon pour les amis des noirs ! quelle épreuve déchirante pour les colons eux-mêmes, à qui l'avenir n'offriroit que des motifs de défolation, fi quelques efclaves n'avoient donné, au milieu de tant de crimes, des preuves d'une fidélité inviolable, & prouvé d'une maniere éclatante, qu'ils déteftoient les féductions de ceux qui vouloient les envoyer à la mort en leur promettant la liberté ! Ils l'ont obtenue cette liberté, mais de leurs maîtres, mais pour prix de leur fidélité, & les Repréfentans de la colonie l'ont ratifiée au milieu des tranfports de la reconnoiffance univerfelle !

Reprenons le récit de nos défaſtres. A cette époque, cent mille negres étoient en révolte, & toutes les manufactures & les plantations de plus de la moitié de la province du Nord, n'offroient plus qu'un embraſement général. Les plaines & les montagnes ſont remplies de carnage & inondées de ſang ; les colons glacés d'effroi ne ſavent où ſe réfugier ; celui-ci cherche ſon ſalut dans les bois, il eſt trahi par ſes negres & poignardé; celui-là ſe confie aux promeſſes de ſon attelier, un chef révolté s'y gliſſe, l'attelier ſe ſouleve, le propriétaire eſt ſa victime.

Epars ſur une ſurface de terre, entrecoupée de montagnes & de gorges, les habitans qui fuient, cherchent à ſe rallier, & à vendre chérement leur vie ; les routes ſont obſtruées, ils ſont pris & maſſacrés.

Ceux qui ſe réuniſſent ne peuvent qu'oppoſer une foible digue au torent qui ſe groſſit ; ils ſont diſperſés & ſaiſis ; ils expient dans les tortures l'exercice d'une défenſe légitime. Ces ſcenes d'horreur ſe paſſoient à la porte de la ville du Cap ; la terreur & l'épouvante s'emparent de tous les eſprits : cependant chacun ſent qu'il eſt inſtant de pourvoir à ſa ſûreté ; on s'aſſemble, on ſe réunit, les citoyens prennent les armes, & les troupes patriotiques ſont miſes par l'Aſſemblée générale, ſous les ordres du Gouverneur.

La ville du Cap avoit à contenir avec trois mille hommes au plus, quinze mille noirs prêts à ſuivre l'exemple de ceux du dehors, & beaucoup de blancs mal-intentionnés : l'Aſſemblée générale délibere une nuit entiere ſur la maniere dont on pouvoit ſe préſerver des ennemis intérieurs. Le réſultat fut qu'on ſe borneroit à une ſurveillance éclairée & ſuivie de leur conduite & de leurs diſpoſitions. La révolte avoit été trop ſubite, trop étendue & trop bien concertée, pour qu'il parût poſſible d'en arrêter , d'en modérer les ravages. La ville du Cap , le côté de la mer excepté , étoit fans défenfe , fans poffibilité même d'être fortifiée avant plufieurs jours , & fans des travaux prodigieux. Il y avoit tout à craindre que les negres foulevés ne fondiffent fur la ville, & que favorifés & fecondés par ceux qu'elle contient, ils ne fiffent un maffacre général de la race blanche. Il ne reftoit donc qu'une reffource, celle d'occuper les défilés du morne qui touche le Cap, d'établir un pofte au haut de la ville, qui, à l'aide des marais qui l'avoifinent, pût la protéger, & de couvrir le chemin de la petite Anfe, par une batterie de canons & de bâtimens emboffés. Cette réfolution fut adoptée & exécutée; dès-lors le Cap entouré d'une paliffade folide, de chevaux-de-frife, & de poftes affez confidérables, fe trouva dans une fituation moins alarmante.

Dans cet intervalle, on ne perdit pas une minute pour inftruire, par mer, les paroiffes qui n'étoient pas encore entamées, & pour leur indiquer les mefures néceffaires ; les habitans de ces paroiffes fe réunirent, ils établirent des camps plus ou moins nombreux. Il s'en forma *au Trou , à Valliere, à la Grande-Riviere , au Moruet , au Dondon ; à la Marmelade , au Port - Margot* , & dans les autres lieux menacés. Les révoltés ont fuivi le même plan : ils ont établi des camps dans tous les quartiers qu'ils ont ravagés : de plus ils ont forcé le camp des *blancs* à la Grande-Riviere , tué ou mis en fuite tous les habitans de ce quartier. Le Camp du Dondon a éprouvé le même fort, après un combat de fept heures , & dans lequel plus de cent blancs ont fuccombé. Ceux de ces infortunés qui avoient cherché un afyle dans la partie efpagnole, en ont été repouffés.

MM. *Granal , Roynaud & Lambert* , habitans de la Grande-Riviere & du Dondon , ont cependant pénétré jufques chez un propriétaire efpagnol, leur intime ami. Cet homme eftimable, placé entre les fentimens les plus preffans, & la crainte d'être incendié par fes compatriotes, fe réfout à tenir les trois Français enfermés dans un cabinet, d'où il les fait efquiver, la nuit, au milieu des déferts & à la faveur d'un orage.

Faut-il vous dire, pour vous faire connoître l'indignation que la conduite de nos voifins a dû exciter, que des dépofitions & la voix publique apprennent que plufieurs habitans du Dondon, réfugiés chez les Efpagnols, ont été chaffés hors des limites, & livrés aux chefs des negres révoltés, moyennant trois portugaifes (132 liv. de France) par individu, & qu'ils ont fubi la mort ?

Les quartiers du *Rocou*, *Maribaroux*, le Terrier-Rouge, *Jacquefy*, *Caracole*, *Ouanaminthe* & Fort-Dauphin, formant la partie de l'Eft de la province du Nord, étoient encore intacts ; il devenoit inftant de les garantir.

Il fut établi un camp fous les ordres de M. de Rouvrai, qui a parfaitement rempli le but qu'on s'étoit propofé, malgré les efforts continuels des brigands.

Au milieu des fcenes effrayantes, la ville du Cap fe peuploit des habitans des plaines & des mornes, échappés au fer des meurtriers. Ce fut alors que M. *Blanchelande* crut pouvoir mettre en campagne deux petits corps d'armée, qui, réunis à M. de *Rouvrai*, attaquerent & enleverent fucceffivement plufieurs camps des révoltés, fitués fur les habitations *Chabanon*, la *Chevallerie*, *Bullet*, *Duplat*, Charitte, de Nort, Dagout & Galifet ; dans tous ces camps on a délivré plufieurs *blanches* prifonnieres. C'eft d'elles, Meffieurs, qu'on a appris à quels exces de barbarie fe font portés les révoltés.

Votre fenfibilité déjà émue ne pourroit fupporter le récit des fcenes d'horreurs dont elles ont été les témoins.

D

C'eſt par les révoltés qui ont été pris, qu'on a ſu que la plus grande diviſion regne parmi les différens Chefs de ces brigands. Chaque horde forme un parti, & ces partis ſont toujours diviſés, toujours prêts à s'entre-détruire. Leur régime eſt abſolument deſpotique ; les Chefs exercent les rigueurs les plus inouies ſur ceux qu'ils commandent; la moindre inſubordination, le plus léger ſigne d'incertitude eſt puni de mort; & c'eſt une vérité reconnue, qu'ils ont ſacrifié plus de negres à leur inquiétude ou à leur haine, que nous n'avons été obligés d'en détruire pour notre défenſe, quoique nous ayons remporté ſur eux pluſieurs avantages marqués. Ces actes de cruauté ſe dirigent ſur ceux même qui ſe ſont engagés volontairement dans la révolte. Mais qui ne frémira pas en apprenant de quelle maniere ils puniſſent ceux qui veulent reſter fideles à leurs maîtres ? Ils les prennent de force, & les expoſent au premier feu. On les a vus, par une lâche cruauté, mettre au-devant de leur armée, les vieillards, les femmes, les enfans; & ne pouvant les faire combattre, s'en ſervir pour parer les coups. Ont-ils des bleſſés, qu'ils ne peuvent faire panſer, faute de chirurgien, ils les enferment dans une caze & ils y mettent le feu. Enfin, pour vous le dire en un ſeul mot, ſi les projets ſanguinaires de ces hommes groſſiers & féroces ſe réaliſoient à l'égard *des blancs*, s'ils parvenoient à faire diſparoître la race *blanche* de la Colonie, on verroit bientôt Saint-Domingue offrir le tableau de toutes les atrocités de l'Afrique. Aſſervis à des maîtres abſolus, déchirés par les guerres les plus cruelles, ils réduiroient en ſervitude les priſonniers qu'ils ſe feroient faits, & l'eſclavage modéré ſous lequel ils vivent parmi nous, ſe changeroit en un eſclavage aggravé par tous les raffinemens de la barbarie.

Dans l'état déplorable que nous venons de décrire, M. Blanchelande, qui a marché de concert avec l'Aſſemblée générale, crut devoir lui propofer une proclamation qui pût concourir à ramener les révoltés à leurs devoirs. L'Affemblée générale, compofée de Colons parfaitement inftruits du caractere des negres, lui repréfenta le danger de cette proclamation, & refufa hautement d'y acquiefcer; huit jours après, M. Blanchelande lui fit la même propofition; les mêmes caufes dicterent le même refus : il perfifta & fe détermina à la faire en fon nom feul, & ce, parce qu'il étoit averti que les negres demandoient à fe foumettre. La proclamation fut faite & portée par douze Dragons. Quel a été le réfultat de cette mefure ? Sept d'entr'eux ont été affaffinés dans le camp des révoltés, & les autres ne fe font fauvés qu'après avoir échappé aux plus grands dangers.

Il feroit inutile, Meffieurs, de vous décrire toutes les horreurs auxquelles nos infortunés Concitoyens ont été livrés. La poftérité fera épouvantée de tant de cruautés commifes au nom de la philofophie & de la liberté.

Nous n'avons cependant faifi, dans ce rapport, que des traits épars de l'effrayant tableau des maux qui nous ont affligés, & qui probablement affligent encore cette contrée n'aguere fi paifible, fi floriffante & fi précieufe à l'Empire français. Vous allez en juger par l'apperçu des pertes que la Colonie avoit éprouvées à l'époque de notre départ.

On comptoit dans les paroiffes de Plaifance, le Port-Margot, le Limbé, la Marmelade, l'Acul, la plaine du Nord, la petite Anfe, le quartier Morin, Limonade, Sainte-Suzanne, le Moka, les Cotelettes, la grande Riviere, le Dondon & autres quartiers, plus de deux cents fucreries, douze cents cafeyeres, plufieurs indigoteries tout-à-fait incendiées; un très-grand nombre de poteries, de guilledevriers, plufieurs bourgs confidérables, des magafins publics; une quantité immenfe de denrées avoient eu le même fort. En ajoutant à ces objets incalculables tous les inftrumens aratoires, les uftenfiles de manufactures, les meubles & les efpeces monnoyées, les chevaux, les mulets & tous les troupeaux, l'on pourra fe faire une idée de l'énormité de nos pertes, que nous évaluons à plus de fix cens millions. Les fecours de la Nation, les efforts du Commerce & notre induftrie pourront peut-être les réparer ; mais qui tarira nos larmes, fur la mort de plus de mille de nos Concitoyens, victimes de cette cruelle révolte ? La fenfibilité peut-elle être muette, quand on fonge que 15,000 negres feront détruits avant le retour de l'ordre & de la tranquillité, & que s'ils réuffiffent dans leurs projets, Saint-Domingue deviendra le tombeau de cinquante mille Français !

Nous ne vous avons jufqu'à préfent entretenu que des malheurs de la partie du Nord. Ce ne font pas les feuls fur lefquels nous ayons à gémir. Le fang a coulé dans la province de l'Oueft : le feu y a détruit plufieurs propriétés, & les atteliers du *Grand-Fonds*, *Charbonniere* & *Fond-Ferrier* étoient en révolte.

Une confpiration découverte à Léogane a préfervé de l'incendie & du carnage ce quartier, ainfi que ceux de l'*Archaie*, des *Vafes* & du *Cul-de-Sac*. Jérémie a éprouvé quelques fermentations, mais l'arreftation des fauteurs des troubles a garanti cette partie du fléau qui la menaçoit.

La partie du Sud a eu pareillement des fujets de crainte ; des précautions prifes y ont, jufqu'à l'époque de notre départ, maintenu la tranquillité : cependant la foibleffe de fa population eft telle, que les moyens employés font plutôt des monumens de craintes, que des motifs de fécurité.

Ainfi, Meffieurs, vous voyez, de toute part, la colonie menacée ; & s'il eft encore des colons qui doivent échapper à tant de dangers réunis, il leur reftera à triompher des crimes fecrets, des horreurs de la famine, des épidémies caufées par les cadavres laiffés fans fépulture, dans un climat brûlant, des maladies les plus aigues, caufées par la fatigue, les alarmes & le chagrin; en un mot, de tout ce que la nature enfante de maux pour la deftruction de l'homme. Que de raifons de craindre la ruine de la colonie, ruine qui entraînera celle de la métropole! La dévaftation de nos plantations produira l'anéantiffement de vos manufactures; des faillites multipliées attaqueront le crédit public, frapperont, jufques dans *Paris*, le capitalifte & l'artifan, arrêteront, jufques dans les campagnes, la perception de l'impôt; la ceffation des armemens, dans les villes maritimes, réduira à la mendicité une quantité innombrable d'ouvriers & de gens de mer; alors des cris de fureur & de défefpoir s'éleveront de toute part, pour vous demander juftice contre les auteurs de tant de maux : & peut-on les méconnoître à l'art perfide, à la cruelle perfévérance avec laquelle ils travaillent depuis fi long-temps à préparer la cataftrophe qui vient d'éclater !

Nous vivions en paix, Meffieurs, au milieu de nos efclaves. Un gouvernement paternel avoit adouci depuis plufieurs années l'état des negres, & nous ofons dire que des millions d'Européens, que tous les befoins affiegent, que toutes les miferes pourfuivent, recueillent moins de douceurs, que ceux qu'on vous peignoit & qu'on peignoit au monde entier comme chargés de chaînes & expirant dans un long fupplice. La fituation des noirs en Afrique, fans propriétés, fans exiftence politique, fans exiftence civile, inceffamment les jouets de la fureur imbécille des tyrans, qui partagent cette vafte & barbare contrée, eft changée dans nos colonies en une condition fupportable & douce. Ils n'avoient rien perdu, car la liberté dont ils ne jouiffoient pas, n'eſt pas une plante qui ait encore porté des fruits dans leur terre natale : & quoiqu'en puiſſe dire l'eſprit de parti, quelques fictions qu'on puiſſe inventer, on ne perſuadera jamais aux hommes inſtruits que les negres d'Afrique jouiſſent d'une condition libre. Le dernier des voyageurs qui ait viſité une partie, preſque inconnue juſqu'à préſent, de cet immenſe pays, n'a écrit dans ſon long & intéreſſant ouvrage qu'une hiſtoire de ſang & de fureurs. Les hommes qui habitent *l'Abiſſinie*, *la Nubie*, *les Gallas & les Fonges*, depuis les bords de l'Océan indien, juſqu'aux frontieres de l'Egypte, ſemblent diſputer de férocité & de barbarie aux hyennes & aux tigres que la nature y a fait naître. L'eſclavage y eſt un titre d'honneur, & la vie, dans cet horrible climat, eſt un bien qu'aucune loi ne ne protege, & qu'un deſpote ſanguinaire tient dans ſes mains.

Qu'un homme ſenſible & inſtruit compare le déplorable état des hommes en Afrique avec la condition douce & modérée dont ils jouiſſent dans nos Colonies ; qu'il écarte les déclamations, les tableaux qu'une fauſſe philoſophie ſe plaît à tracer, bien plus pour s'acquérir un nom que pour venger l'humanité ; qu'il ſe rappelle le régime qui gouvernoit nos negres avant qu'on les eût égarés, rendus nos ennemis. A l'abri de tous les beſoins de la vie ; entourés d'une aiſance inconnue dans la plupart des campagnes d'Europe ; certains de la jouiſſance de leurs propriétés (car ils en avoient une & elle étoit ſacrée) ; ſoignés dans leurs maladies avec une dépenſe & une attention qu'on chercheroit vainement dans les hôpitaux ſi vantés de l'Angleterre ; protégés, reſpectés dans les infimités de l'âge ; en paix ſur leurs enfans, ſur leurs familles, ſur leurs affections ; aſſujettis à un travail calculé ſur les forces de chaque individu, parce qu'on claſſoit les individus & les travaux, & que l'intérêt, au défaut de l'humanité, auroit préſcrit de s'occuper de la conſervation des hommes ; affranchis quand ils avoient rendu quelques ſervices importans : tel étoit le tableau vrai & non embelli du gouvernement de nos negres ; & ce gouvernement domeſtique ſe perfectionnoit, depuis dix ans, ſur-tout avec une recherche dont vous ne trouverez aucun modele en Europe. L'attachement le plus ſincere lioit le maître & les eſclaves ; nous dormions en ſûreté au milieu de ces hommes qui étoient devenus nos enfans, & pluſieurs d'entre nous n'avoient ni ferrures, ni verroux à leurs maiſons.

Ce n'eſt pas, Meſſieurs, & nous ne voulons pas le diſſimuler, qu'il n'exiſtât encore parmi les planteurs un très-petit nombre de maîtres durs & féroces ; mais quel étoit le ſort de ces hommes méchans, flétris par l'opinion, en horreur aux honnêtes gens ? Séqueſtrés de toute ſociété, ſans crédit dans leurs affaires, ils vivoient dans l'opprobre & le déshonneur, & mouroient dans la miſere & le déſeſpoir. Leurs noms ne ſe prononcent qu'avec indignation dans la Colonie, & leur réputation ſert à éclairer ceux qui, inhabiles encore à l'adminiſtration des atteliers, pourroient être entraînés par l'impétuoſité de leurs caracteres, à des excès que l'expérience avoit montrés auſſi contraires à une bonne régie, que l'inſtruction & l'adouciſſement des mœurs avoient contribué à les faire proſcrire.

Nous adjurons ici, non ceux qui écrivent des romans pour ſe faire une réputation d'hommes ſenſibles, pour acquérir une popularité fugitive que l'indignation générale doit bientôt leur enlever ; mais ceux qui ont viſité les colonies, ceux qui les connoiſſent, qu'ils diſent ſi le récit que nous vous avons fait n'eſt pas fidele, ſi nous l'avons chargé, pour vous intéreſſer à notre cauſe.

Nous le répétons : nous vivions, Meſſieurs, dans cet état de paix & de bonheur, & nous rendions à notre mere-patrie, protectrice de nos propriétés, le tribut entier de nos cultures, qui venoit enrichir la métropole, la rendre puissante en elle-même, & supérieure dans son commerce avec l'étranger.

Cependant, Messieurs, une société se forme dans le sein de la France, & prépare de loin le déchirement & les convulsions auxquelles nous sommes en proie. Obscure & modeste dans le commencement, elle ne montre que le desir de l'adoucissement du sort des esclaves ; mais cet adoucissement, si perperfectionné dans les Isles Françaises, elle en ignoroit tous les moyens, tandis que nous nous en occupions sans cesse : & loin de pouvoir y concourir, elle nous forçoit d'y renoncer, en semant l'esprit d'insubordination parmi nos esclaves, & l'inquiétude parmi nous.

Pour adoucir, de plus en plus, le sort des esclaves, pour multiplier les affranchissemens, il eût fallu conserver précieusement la sécurité des maîtres : mais ce moyen sage n'eût produit aucun effet sur la renommée ; la gloire ordonnoit d'abandonner les moyens réels, pour se livrer aux déclamations, pour nous environner d'alarmes & de terreurs, pour préparer des malheurs que nous avons prédits dès les premiers travaux des amis des noirs, & qui viennent enfin de se réaliser.

Bientôt, cette société demande que la traite des noirs soit supprimée, c'est-à-dire, que les profits qui peuvent en résulter pour le commerce français, soient livrés aux étrangers ; car jamais sa romanesque philosophie ne persuadera à toutes les puissances de l'Europe que c'est pour elles un devoir d'abandonner la culture des colonies, & de laisser les habitans de l'Afrique en proie à la barbarie de leurs tyrans, plutôt que les employer ailleurs, & sous des maîtres plus humains, à exploiter une terre qui demeureroit inculte sans eux, & dont les riches productions font , pour la Nation qui les possede , une source féconde d'industrie & de prospérité.

Se mêlant ensuite à la révolution de la France, cette société lie son système exagéré & irréfléchi au plan que l'empire avoit conçu de s'affranchir ; & profitant de l'élan universel de tous les Français vers la liberté , elle les intéresse par le souvenir de leur servitude , à son projet de détruire celle des negres. Dans son enthousiasme aveugle , ou dans sa perversité , elle oublie que ces hommes grossiers font incapables de connoître la liberté , & d'en jouir avec sagesse , & que la loi imprudente qui détruiroit leurs préjugés , seroit pour eux & pour nous , un arrêt de mort.

Depuis ce moment , cette société ou du moins quelques-uns de ses membres n'ont plus connu de bornes à leur entreprise ; tous les moyens leur ont paru bons, dès qu'ils pouvoient tendre à l'accomplir ; les attaques directes , les combinaisons réfléchies & profondes , les calomnies les plus basses & les plus méprisables , font mises en usage pour le succès de leurs desseins , mêlant adroitement la ruse à l'audace ; tantôt cette société nous flatte en nous invitant à secouer le joug des commerçans Français , & nous assurant son appui , si nous voulons nous joindre à elle pour obtenir un commerce illimité ; tantôt elle arme les commerçans contre nous, en leur disant que nous méditons une banqueroute déshonorante, une indépendance chimérique , & que , dans notre orgueil , nous voulons élever une puissance à côté de celle de la France; ainsi, après avoir cherché à animer les colons & les commerçans, les uns contre les autres , après nous avoir présenté des principes incompatibles avec les intérêts de la France, lorsque , malgré ses conseils insidieux, elle n'a pu nous les faire adopter , c'est encore elle qui nous accuse de les avoir imaginés, & elle s'emparé de la déclaration des droits de l'homme, ouvrage immortel & falutaire à des hommes éclairés, mais inapplicable, & par cela même dangereux dans notre régime ; elle l'envoie avec profufion dans les colonies ; les journaux qu'elle foudoie ou qu'elle féduit, font retentir cette déclaration au milieu de nos atteliers ; les écrits des amis des noirs annoncent ouvertement que la liberté des negres eft prononcée par la déclaration des droits.

Le décret du 8 Mars fembloit devoir arrêter ces trames audacieufes ; mais les amis des noirs connoiffent-ils quelqu'autre loi que les fermens par lefquels ils fe font liés, & le vœu qu'ils ont formé de porter fur nos foyers le meurtre & l'incendie ? Si une loi femble les favorifer, ils l'adoptent, ils l'étendent, ils l'interprêtent ; fi la loi les contrarie, ils la méconnoiffent, ils la défavouent, ils infultent fans pudeur, ils s'efforcent de dégrader l'autorité dont elle émane.

Les Colons, & les Négocians, les hommes affez éclairés pour n'être pas le jouet de leurs menfonges font tous également l'objet de leurs injures ; ce n'eft point affez qu'ils fe foient rendus les arbitres de nos propriétés & de notre tranquillité, ils s'arrogent fur nous le droit de la diffamation ; il ne nous eft pas permis de nous défendre & de chercher à parer leurs coups, fans être accablés de leurs lâches infultes. Ainfi, en altérant l'opinion publique, en éloignant pour nous tout moyen de défenfe, on mine en fûreté le terrein fur lequel nos poffeffions font affifes, on l'environne de pieges, & notre ruine devient inévitable.

Lorfqu'on a fu qu'on s'étoit vainement flatté de faire prononcer par l'Affemblée nationale l'affranchiffement des efclaves, on a cherché à porter le défordre parmi nous en l'engageant à traiter elle-même la question des hommes de couleur. Nous avions demandé à faire nous-mêmes nos loix sur ce point qui exigeoit de grands ménagemens & une grande prudence dans l'application; nous avions annoncé que ces loix seroient humaines & justes.

Mais un tel bienfait accordé par les Colons blans, qui auroit à jamais resserré les liens d'affections & de bienveillance qui existoient entre ces deux classes d'hommes, est présenté par les amis des noirs comme une prétention de la vanité & un moyen d'éluder de justes réclamations.

On vouloit arriver par d'autres mesures; on réunit à Paris quelques hommes de couleur, on exalte leur esprit, on les invite à réunir leur cause à celle des negres; ils passent à Saint-Domingue, dans cette espece de délire où on les voit plongés; ils communiquent aux esclaves les espérances dont on les a abusés; ils sont chargés de libelles & de livres qui invitent les hommes de couleur & les esclaves à une insurrection générale, au massacre des blancs.

Ogé est la premiere victime de cette funeste erreur; un de ses freres, qu'il y entraîne, déclare, le 9 Mars, dans son testament de mort, que sans le débordement des rivieres qui n'a pas permis la réunion des conjurés, onze mille negres révoltes étoient près de fondre sur le Cap, dès le mois de Février, & d'allumer l'incendie qui n'a eu lieu que le 23 Août; il nomme les chefs, il donne des détails de la conspiration, il offre les preuves; c'est le cri de sa conscience qui le fait parler dans cet instant, le dernier qui lui restoit encore pour découvrir la vérité.

C'est dans cette effervescence, c'est dans cette ivresse générale, tandis que les blancs étoient agités par la méfiance

& la terreur, tandis que les negres étoient livrés à mille fonges funeftes, que la difcuffion, fur le décret du 15 Mai, s'eft
établie parmi vous; une foule d'écrits qui l'ont précédée &
fuivie, fe font répandus jufques dans nos atteliers; on y a lu
& commenté ces mots terribles, ces mots, fignal du carnage
& de l'incendie:

Périffent les Colonies !

C'eft alors que la lettre d'un Miniftre d'une religion de paix,
adreffée à fes freres, les hommes de couleur, a annoncé à nos
efclaves, que bientôt le foleil n'éclairera que des hommes libres. Les negres attaqués par tant de féductions, travaillés
par tant de manœuvres, émus par ces libelles écrits en caracteres de fang, lus le foir dans leurs cafes, au milieu des Affemblées de leurs chefs, par des hommes qui ne refpiroient
que le défordre & le pillage, pouvoient-ils réfifter long-temps
au vertige dont on les frappoit? Le fouvenir des bienfaits de
leurs maîtres, s'eft perdu dans leur mémoire; ils n'ont plus
fenti que le defir d'un nouvel état; ils fe font faits les inftrumens aveugles de quelques hommes profondément pervers,
qui ont avidement faifi, dans les écrits des amis des noirs,
& dans l'interprétation des décrets, les armes qui s'y trouvoient
pour les foulever.

Avons-nous fouffert affez de maux, pour qu'enfin nous puif-
fions efpérer que la vérité ne fera plus méconnue? Avons-nous
affez mérité d'être vengés par la loi, fans attendre les preuves
qui doivent réfulter des procédures actuellement fuivies à Saint-
Domingue, & qui nous feront adreffées? La funefte influence
des auteurs de tant de défaftres n'eft-elle pas déjà fuffifamment
prouvée par l'enfemble de leurs démarches & par leurs coupables écrits? Peut-on douter, en ce moment, que nous ne

leur devions notre ruine, & la France retiendra-t-elle encore le cri d'indignation qui doit s'élever contre la fcélératefle de nos ennemis ?

Tandis que nous nous flattons que tant de malheurs trouveront des confolations au fein de la mere-patrie, qu'en arrivant dans cette capitale, où nous avions au moins des droits à la pitié, nous fommes précédés par la calomnie. Les hommes qui fe font fait un jouet de nos propriétés & de notre fang, s'attendoient à effuyer, de notre part, de violens reproches, ils ont tenté de les prévenir ; habiles dans l'art de la diffamation qui leur eft fi familier, après nous avoir rendus victimes de leurs attentats, il falloit encore nous en renvoyer le reproche & la honte. Auffi cruels dans leurs fictions, que peu difficiles fur la vraifemblance, ils ont ofé répandre que nos commettans étoient eux-mêmes les inftigateurs de leurs propres maux ; ils ont ofé dire que le projet abfurde & barbare d'opérer la contre-révolution, étoit le but auquel ils avoient facrifié leurs propriétés, leurs familles, leur propre vie ; ils ont ofé dire que nous avons voulu nous donner à l'Angleterre.

Nous oferons, à notre tour, vous demander, Meffieurs, avec la fermeté d'hommes libres, de Citoyens Français, (car enfin nous fommes auffi Français & Citoyens), nous oferons demander s'il eft permis, chez quelque peuple de la terre, d'infulter, avec tant d'audace, aux malheureux qu'on a faits.

C'eft donc nous qui avons mis le fer & le feu dans les mains de nos negres, c'eft nous qui avons allumé la torche qui a dévoré nos habitations, c'eft nous qui avons forgé ces poignards qui ont affaffiné nos freres & nos amis ! c'eft nous qui avons excité ces brutalités que des infortunées ont été forcées d'affouvir ! c'eft nous qui avons allumé dans notre patrie ce volcan qui vient de la couvrir de décombres, & qui peut-être l'anéantira !

Ces dévastateurs qui se disent patriotes, nous accusent d'avoir voulu opérer la contre-révolution ! Ils ignorent donc que dès les premiers jours de la révolution, nous l'avons chérie, & que plus exposés à l'oppression sous le régime du despotisme, nous nous sommes avec plus d'ardeur élancés vers la liberté; nos actes les plus récens même témoignent pour nous. Est-ce être contre-révolutionnaire que d'avoir solemnellement déclaré en constituant notre Assemblée, que *nous protégions de toute la force de la loi & de l'opinion publique, le recouvrement des créances de la Métropole ?* Est-ce être contre-révolutionnaire que d'y avoir consacré, *qu'à l'Assemblée nationale appartenoit le droit de régler nos rapports politiques & commerciaux ?*

Est-ce être contre-révolutionnaire que d'avoir écrit aux Représentans de la Nation, la tombe entr'ouverte sous nos pas, que *notre dernier soupir & notre dernier vœu seroient pour la Patrie ?*

Si nous eussions été contre-révolutionnaires, est-ce bien à l'Assemblée nationale que nous aurions adressé l'expression de ces sentimens ?

On dit, on imprime, on répand que nous avons voulu nous donner à l'Angleterre : notre réponse à cette imposture est bien simple, & se trouve à chaque page de nos procès-verbaux. On y voit nos principes, & nous osons le dire, l'accomplissement de tous nos devoirs.

Mais nous irons plus loin ; permettez-nous une hypothese que justifie la position unique, dans les fastes de l'histoire, où nous nous sommes trouvés.

A l'instant où la révolte a éclaté, tous les habitans de la

ville du Cap ont recherché la caufe de cet horrible événement.

Un folliculaire avoit imprimé les décrets des 13 & 15 Mai dernier avec le difcours de M. Monneron, député de l'Ifle-de France ; les premieres dépofitions apprennent que ces écrits, que tous ceux des prétendus philanthropes étoient lus & commentés par un mulâtre fur l'habitation le Normand, dans des affemblées noćturnes où fe trouvoient des negres commandeurs, qui font aujourd'hui les chefs des révoltés. On apprend que le Cap devoit être compris dans l'incendie, que cette ville receloit dans fon fein ceux qui devoient y mettre le feu & en maffacrer tous les habitans : auffi-tôt on pouffe des cris de rage & de défefpoir.

Les philanthropes, la France entiere, font accufés de cet affreux complot ; l'égarement, la fureur fe peignent fur tous les vifages ; toutes les ames font enflammées ; tout annonce un carnage horrible, un bouleverfement général. Déjà des coups de fufils fe font entendre, des negres, des mulâtres en font atteints fur les portes même de l'Affemblée générale. Ici on prend la cocarde blanche ; là on invoque à grands cris les Anglois ; d'autres prennent la cocarde noire. Ces mots de *la Nation*, *la Loi & le Roi*, difparoiffent de la falle que l'on préparoit pour l'Affemblée générale, & une main égarée par la fureur les efface : on s'écrie que la Nation nous livre au fer des affaffins, aux buchers des incendiaires ; qu'enfin elle a appellé fur nous tous les forfaits dans ce jour qu'on croit le dernier de la colonie ; des voix furieufes blafphement contre une patrie, qui, bien loin de les protéger, les affaffine.

Au milieu de ce délire, dont nulle puiffance ne fauroit réprimer la premiere explofion, l'Affemblée générale tente cependant des mefures de falut ; les momens font preffans, elle fait une proclamation qui défend, fous peine de la vie, de commettre aucun meurtre. Quatre de fes Membres la publient pendant même qu'on l'écrivoit. Ces Commiffaires fe portent par-tout; par-tout ils trouvent des attroupemens, des cris, des infultes même; mais ils parviennent à fauver des mulâtres, qui accufés alloient être maffacrés, & leurs foins & leurs prieres fufpendent la fureur du peuple.

Un nouveau fujet d'alarmes s'éleve : l'Affemblée générale eft accufée de partager le crime des hommes de couleur, & elle eft menacée; fon courage ne fe ralentit point. Les mulâtres offrent de s'armer pour la défenfe commune & de laiffer pour garans de leur fidélité leurs femmes & leurs enfans : elle ofe les armer, & les uniffant aux foldats du Régiment du Cap, elle change en défenfeurs ceux qu'on veut immoler comme ennemis.

Dans cette crife violente, & qui menaçoit d'une fubverfion totale, cédant au mouvement qui étoit fi propre à répandre l'effroi, nous en avons reffenti les effets, fi comme ceux qui nous environnoient & qui nous menaçoient en ce moment, nous n'avions vu dans notre patrie que la caufe de nos infortunes, fi nous avions appellé une puiffance étrangere pour arracher les Colons à leurs bourreaux, pour préferver leurs propriétés, pour conferver même la créance de la métropole; quel eft l'homme qui ayant un confcience auroit ofé nous condamner? Hé bien, nous fommes reftés Français!... Serons-nous réduits après cela à l'abjecte néceffité de nous juftifier du reproche d'avoir voulu devenir indépendans? Qu'on parcoure tous nos actes; s'il en eft un feul qui tende à nous fouftraire aux liens indiffolubles qui nous attachent à l'Empire, nos têtes font ici pour éprouver les fupplices deftinés à cette perfidie. Nous favons que quelques Capitaines de navires dont la vanité a été blessée , parce que leur manque d'humanité a été rendu public, sont venus se réunir à des amis des noirs pour nous faire trouver coupables ; mais les accens douloureux du commerce, touché de nos infortunes & des maux qu'elles lui présagent, leur apprendront quelle est leur erreur, & que s'ils parvenoient à nous rendre odieux par des calomnies, ils gémiroient bientôt eux-mêmes de leurs succès.

Oui, & nous avons l'orgueil de nous en vanter, parce que c'étoit un devoir pour des hommes revêtus de la confiance de leurs Concitoyens, nous avons demandé des secours à tous ceux qui nous environnoient ; ces secours nous les avons implorés avec le Gouverneur-Général, & par conséquent comme Français, comme hommes ; & puisque nous n'avons pas affecté de choix en les réclamant au même instant de trois Nations différentes, nous avons assez prouvé que nos prieres, dictées par le malheur, ne pouvoient offrir de projet funeste à la mere-patrie.' Enfin, qui osera chercher à nous accuser pour avoir recouru aux Anglais de la Jamaïque, quand l'Assemblée nationale, qui ne connoissoit nos infortunes & nos dangers que par des récits incomplets, a cru devoir exprimer elle-même la gratitude nationale envers ce peuple généreux ?

Mais enfin, Messieurs, si nous eussions appellé les Anglais, non pour nous prêter des secours, mais pour nous gouverner, à qui faudroit-il en imputer le crime ? Mettez un moment à notre place celui des Départemens du Royaume à qui vous supposez le plus de patriotisme & d'attachement au nom Français : supposez que des excitateurs de révolte eussent soulevé dans son sein les domestiques contre les maîtres, les brigands contre les propriétaires ; que cent fois ils les eussent dénoncés sans obtenir que du mépris ; que loin de recevoir des secours de la mere-patrie, tout ce qui part de son sein parût apporter

H

avec foi des germes de révoltes ; que déjà la vie & la propriété d'une multitude de Citoyens euſſent été la proie des déſordres ;qu'ils euſſent vu les meurtres les plus abominables commis ſous leurs yeux, & qu'il n'y eût aucune eſpérance de protection : ſi dans ce moment d'horreur & d'abandon, ces Citoyens malheureux concevoient l'idée de former de nouveaux liens & d'invoquer la protection d'une autre patrie, à qui croyez-vous, Meſſieurs, que le reproche dût être adreſſé ? Eſt-ce aux infortunés que le déſeſpoir auroit égarés ? Eſt-ce aux ſcélérats qui ſe feroient fait un plaiſir de laſſer leur patience, & de briſer les liens les plus chers & les plus ſacrés par l'excès du malheur ?

Meſſieurs, nous connoiſſons & nous chériſſons nos devoirs ; mais nous connoiſſons auſſi & nous réclamons hautement nos droits. Nous conſacrons à la proſpérité de la mere-patrie le produit entier de nos cultures ; elle doit nous défendre contre l'étranger, elle doit aſſurer nos propriétés & notre tranquillité contre les attentats des perturbateurs.

Il eſt aujourd'hui démontré que l'influence des amis des noirs eſt deſtructive des Colonies ; de quelques ſophiſmes qu'ils s'environnent, ils n'anéantiront jamais le témoignage de nos malheurs. Il ne peut pas exiſter un homme de bonne foi qui doute que leurs travaux, leurs déclamations, leurs écrits, leurs infames émiſſaires ſoient la cauſe active & conſtante qui depuis deux ans prépare notre ruine, & qui vient enfin de la réaliſer.

La France nous doit protection, mais ſes forces ne peuvent ſuffire pour nous raſſurer, ſi elle ſouffre que dans ſon ſein on continue à nous préparer des révoltes & des maſſacres.

Elle nous doit protection, mais vainement voudroit-elle

l'effectuer, fi de tels attentats demeuroient impunis ; ce qui devroit être la perte de nos ennemis ne fert qu'à les encourager.

Elle nous doit protection, mais à quoi nous ferviroient fes armées & fes flottes, fi elle permet que des écrits féditieux portent inceffamment dans nos foyers le germe de tous les troubles, fi elle fouffre qu'on nous accable d'humiliations, & fi nous environner de meurtres & de carnage, devient aux yeux de la Patrie à laquelle nous nous immolons, un moyen de gloire & de triomphe ?

Meffieurs, pardonnez à notre langage, mais tant de malheurs nous ont acquis le droit de ne rien déguifer ; l'amertume eft au fond de nos ames ; cent fois nous avons prédit les maux dont nous fommes victimes ; cent fois nous avons appellé la vengeance publique fur les odieufes manœuvres de ces hommes qui bouleverfent notre Patrie fous le voile de l'humanité. Nous n'avons rien obtenu. Ah, puiffe l'horrible cataftrophe dont nous avons tracé le tableau, fervir de leçon pour l'avenir, & préferver des mêmes malheurs ceux de nos Concitoyens qui ne l'ont pas encore éprouvée !

C'eft de la fermeté que vous mettrez à punir les auteurs de notre défaftre, à réprimer leurs nouvelles tentatives, que les provinces de l'Oueft & du Sud peuvent attendre leur falut.

Quant à la Province du Nord, elle a fait des pertes irréparables ; des capitaux immenfes ont été confumés ; le rétabliffement de fes travaux exige des avances de fonds, que le commerce & les propriétaires ne fauroient faire en totalité. Nous ne vous parlons pas des individus, mais vous examinerez, Meffieurs, ce qu'exige de votre part l'intérêt de la Colonie & celui de la Nation.

Repréſentans du Peuple Français, vous venez d'entendre le récit de la plus grande calamité qui ait affligé l'eſpece humaine dans le cours du dix-huitieme ſiecle.

Vous venez d'entendre les plaintes de la premiere Colonie du monde, néceſſaire à l'exiſtence de la Nation dont les intérêts vous ſont remis. Elle ne veut vous intéreſſer que par ſes ſentimens & ſes malheurs.

Elle vous demande juſtice, ſûreté, ſecours.

Signé. J. B. MILLET; CHESNEAU-DE-LA-MEGRIERE; COUGNAC-MION; LEBUGNET; LAGOURGUE; ROUSTAN; STE. JAMES.

Réponſe de M. le Préſident.

Chérir ſa Patrie eſt un doux ſentiment : la ſervir dans les circonſtances déſaſtreuſes, eſt la premiere vertu civique, & elle eſt la vôtre. Les malheurs de la Colonie ſont affreux. L'Aſſemblée nationale les contemple avec horreur, avec indignation, avec amertume. Vous implorez ſa juſtice, elle la doit à tous les Citoyens de l'Empire ; ſa protection, elle la doit à votre courage, votre patriotiſme, votre infortune ; des ſecours, elle s'eſt déjà occupée de vous en procurer. Elle prendra votre demande dans la plus grande conſidération ; elle vous invite aux honneurs de la ſéance.

ADRESSE

AU ROI,

PRONONCÉE par les Commissaires de l'Assemblée générale de la partie Française de Saint-Domingue, le 2 Décembre 1791.

SIRE,

Nous avons été députés par l'Assemblée générale de la partie Française de Saint-Domingue, pour demander à la mere-patrie les consolations & les secours que nos malheurs méritent.

Nous connoissons, SIRE, toute la bonté de votre cœur. Nous lui épargnerons le tableau de tant de peres de famille égorgés, de tant d'épouses, de filles éplorées, fuyant le fer, la flamme, & mourant dans l'opprobre & le déshonneur.

L'éclat du trône n'a point altéré la douce sensibilité de la nature, & vous êtes homme, SIRE, & homme sensible avant d'être Roi.

I

Nous nous attendions à trouver dans le sein de la France, la touchante commisération qui est le premier secours que l'infortuné réclame; mais nos ennemis, effrayés du mal qu'ils nous ont fait, qu'ils ont fait à l'Empire & au genre humain, font retomber sur nous une responsabilité devenue trop horrible, même pour eux; ils circonviennent l'opinion; ils s'emparent de tous les Journaux; ils nous prodiguent les injures; ils écartent ceux qui, touchés de tant de désastre, seroient tentés de nous défendre. La Patrie qu'ils déchirent est invoquée par eux, & celui qui voudroit parler au nom de la Patrie, est appellé son ennemi.

Nous savons, S I R E, que ces hommes méchans ne font point parvenus jusqu'à vous. Nous savons que vous avez donné des larmes à nos miseres, que vous avez pressé de tout votre pouvoir l'expédition des secours décrétés.

Daignez donc, S I R E, recevoir l'expression de toute notre reconnoissance.

Notre cause est soumise à l'Assemblée nationale: nous attendons tout de sa justice & de la protection qu'elle doit à toutes les parties de l'Empire. Si, contre notre espoir, nos ennemis triomphoient; si la cause de la Nation étoit perdue au Tribunal de la Nation, nous en appellerions à la postérité, & nous retournerions mourir au milieu de nos Commettans, en leur disant que VOTRE MAJESTÉ nous a accueilli avec bonté, & que vous avez daigné être notre consolateur. Cette pensée adoucira nos derniers momens, & nous mourrons moins malheureux, puisque vous aurez été notre ami.

Signés, MILLET; CHESNEAU DE LAMEYRIERE; ST- JAMES; LE BUGNET; LAGOURGUE; COUGNACQ -MION; ET ROUSTAN.

RÉPONSE DU ROI.

Je fuis infiniment touché de vos malheurs : vous favez que je les ai partagés. J'ai employé tous les moyens qui étoient en mon pouvoir pour les faire ceffer, & j'efpere que les troupes arriveront affez tôt pour produire cet effet. Je compte auffi que l'Affemblée nationale adoptera les mefures nouvelles que je lui propoférai ; & je vois avec beaucoup de fatisfaction l'empreffement que les Places de commerce ont mis à vous feconder.

« SA MAJESTÉ a adreffé enfuite plufieurs queftions aux
» Commiffaires de l'Affemblée générale de Saint-Domingue,
» fur les défaftres de cette Colonie, & particuliérement fur
» les efpérances qu'on pouvoit avoir que les Provinces de
» l'Oueft & du Sud échapperoient aux ravages que la Pro-
» vince du Nord a foufferts ».

PÉTITION

FAITE

A L'ASSEMBLÉE NATIONALE,

P A R MM les Commiſſaires de l'Aſſemblée Générale de la partie Françaiſe de Saint-Domingue, le 2 Décembre 1791, & lue le 3.

MESSIEURS,

A peine avions-nous conçu quelqu'eſpoir de la vive impreſſion qu'avoit paru faire ſur vous le tableau de nos malheurs, que le récit de votre ſéance d'hier eſt venu jetter la conſternation dans nos ames.

Vous avez ajourné la motion d'un de vos Membres, qui tend à ratifier le Concordat paſſé entre les blancs & les hommes de couleur du Port-au-Prince, & par conſéquent à vous écarter de la teneur de la Loi du 24 Septembre dernier.

Nous ſommes loin, Meſſieurs, de répugner à des diſpoſitions favorables aux hommes de couleur : mais le droit de ſtatuer ſur l'état des perſonnes appartient à la Colonie par une loi conſtitutionnelle ; ce droit eſt le ſeul garant de notre exiſtence, & nous ne pouvons pas l'abandonner.

N'en doutez pas, Meſſieurs, auſſi-tôt que l'Aſſemblée générale aura reçu le décret qui l'autoriſe à ſtatuer ſur l'état politique des hommes de couleur, elle se sera empressée de faire pour eux tout ce que lui prescrit la sagesse & la justice ; & sans doute elle aura confirmé tout ce qu'elle leur avoit accordé avant notre départ, par son Arrêté du 20 Septembre dernier, que nous mettons sous vos yeux.

Ce premier exercice du pouvoir que la loi du 24 Septembre a reconnu aux Assemblées coloniales, aura rétabli entre les hommes de couleur & les blancs, les liens d'affection & de reconnoissance qui, pour la tranquillité des Colonies, n'auroient jamais dû cesser d'exister, & que nos ennemis ont su détruire. Les blancs qui, dans les derniers momens de l'insurrection, ont reçu des hommes de couleur des services signalés, s'en feront acquittés aussi-tôt qu'ils auront reçu le décret qui leur en a reconnu le droit ; & le souvenir du service & de la récompense, peut être le principe de leur union & la base éternelle de notre tranquillité. Nous osons vous l'affirmer, Messieurs, il existe encore un espoir d'arracher les restes de la Colonie au mouvement rapide de destruction auquel nous l'avons vue livrée, il est dans l'arrivée de cette loi dont l'Assemblée générale aura su faire usage, soit pour déterminer les esclaves à la soumission, soit pour établir une confiance solide & durable entre les différentes classes d'hommes libres.

Vous ne sauriez porter atteinte à cette loi, Messieurs, sans donner une nouvelle activité au principe de nos malheurs. L'arrivée de votre décret, ou même de la discussion qu'il provoqueroit, produiroit une seconde secousse à laquelle nous ne résisterions pas. Vous verriez s'accroître jusqu'à l'excès, toutes les alarmes des propriétaires & toutes les insurrections des esclaves. Vainement vous n'auriez rien changé à l'état de ceux-ci ; il suffiroit qu'en touchant à l'article constitutionnel qui nous donne le droit de régler leur condition , vous leur euffiez fait concevoir la poffibilité de vous occuper de leur indépendance. Les liens , déjà fi énervés , de l'obéiffance & de la foumiffion, difparoîtroient fans retour , fi nos efclaves voyoient que leur révolte & leurs crimes ont pu vous déterminer à porter atteinte à la loi conflitutionnelle des Colonies.

Ah ! l'expérience n'a-t-elle pas affez appris, que dans ces malheureufes contrées un Décret imprudent fuffit pour faire couler des flots de fang ? Les funeftes prédictions de nos défenfeurs, de nos Compatriotes, ne font-elles pas affez réalifées pour qu'on doive enfin leur donner foi ? N'avons-nous pas affez payé les victoires de nos ennemis, pour que l'opinion défabufée nous mette à couvert de leurs entreprifes ?

Mais nous devons aller plus loin , Meffieurs ; car le refpect ne nous interdit pas le langage des hommes libres. Cette loi que nous venons de vous rappeller , eft notre propriété ; cette loi eft le gage de notre union ; cette loi a été déclarée conftitutionnelle par le même pouvoir qui a fondé la liberté de l'Empire & qui a pofé les limites de vos fonctions.

Nous y lifons nos devoirs , mais nous y trouvons auffi nos droits. L'article premier nous foumet aux lois de commerce que l'Affemblée nationale aura décrétées , & qui auront reçu la fanction du Roi ; l'article III nous reconnoît le droit de ftatuer fur l'état des hommes non libres , & fur l'état politique des hommes de couleur & negres libres. Ces difpofitions font indivifibles , elles font également facrées. La premiere nous prefcrit une obligation où font renfermés tous les intérêts de la France : nous l'obferverons religieufement ; & vous favez que le premier acte de l'Affemblée, dont nous fommes Députés & Membres, a prévenu la volonté de la Nation à cet égard. La deuxieme partie nous reconnoît un droit duquel dépend la fûreté de nos perſonnes & la conſervation de nos propriétés ; pouvons-nous , Meſſieurs , nous en départir ?

Quand nous réclamons devant vous l'engagement le plus formel, vous le ſentirez , Meſſieurs , nous repréſentons toutes les Colonies d'Amérique ; toutes y voient le principe conſervateur de leur ſûreté ; toutes étoient répréſentées dans l'Aſſemblée nationale au moment où cette loi fut portée : leurs Députés la réclamerent unanimement , & toutes s'uniroient à nous pour s'oppoſer aux infractions qu'elle pourroit recevoir. La politique de nos ennemis eſt-elle aſſez à découvert ? Ils ont oſé nous accuſer de prétendre à l'indépendance ; & c'eſt eux-mêmes qui provoquent l'infraction de la loi, qui eſt la baſe de notre union. Ils ſemblent regretter de n'avoir pu nous entraîner encore à des réſolutions extrêmes ; ils veulent réaliſer leurs prédictions par l'excès de notre malheur ; ils veulent nous placer entre notre ruine & la reſſource déſeſpérée à laquelle ils nous accuſent d'aſpirer.

Repréſentans de la Nation françaiſe, vous qu'un peuple loyal & généreux honore de ſa confiance, vous ne manquerez pas aux engagemens que vos procédéceſſeurs ont contractés pour vous ; vous repouſſerez comme inconſtitutionnelle & dangereuſe, toute motion qui tendroit à vous ſoumettre des objets dont la Conſtitution a réſervé la connoiſſance aux Aſſemblées coloniales : car vous ſavez que la foi honore les Nations, & qu'elle eſt le ſeul fondement d'une ſolide puiſſance. Vous avez vu le tableau de nos malheurs ; vous avez entendu l'expreſſion de notre zele ; vous avez reçu le ſerment de notre fidélité........ Vous ne voudrez pas ajouter une nouvelle cataſtrophe à l'hiſtoire déplorable de nos infortunes , & arracher de nos cœurs les ſentimens les plus profonds & les plus doux, pour n'y laiſſer que le déſeſpoir.

LETTRE

Adressée le 5 Décembre , à M. le Président de l'Assemblée Nationale , par MM. les Députés de St-Domingue.

Monsieur le Président ,

Nous avons dénoncé à la barre de l'Assemblée nationale , les amis des Noirs pour être les auteurs des malheurs de St-Domingue ; il n'est aucun homme de bonne foi , s'il est instruit , qui puisse encore en douter. Cependant M. Brissot , un des Membres de cette Société qui se sont occupés , sans relâche , de la destruction des Colonies , ose nous accuser d'avoir excité nous-mêmes nos esclaves à l'insurrection , pour invoquer le secours & la protection des Etrangers ; & , comme si cette perfidie étoit réelle & prouvée , il a demandé avant-hier , que l'Assemblée générale de St-Domingue fût traduite à la Haute Cour nationale. Embarrassé du poids des maux qu'il a faits à la France , *il cherche à détourner de lui l'attention publique , il veut lier les Représentans de la Nation à sa dé-fense personnelle ;* il se flatte d'égarer la justice de l'Assemblée nationale , pour se mettre à l'abri de ses décrets. *Nous le som-mons ,* Monsieur le Président , *de fournir des preuves ;* nous supplions l'Assemblée nationale de les exiger : & quant à nous , qu'une grande Colonie a chargé de poursuivre sa vengeance , *nous apporterons dans cette question des éclaircissemens si multipliés , que l'opinion publique & la Justice n'auront pas le droit de balancer sur la désignation des coupables.*

Nous sommes avec respect , &c.

Signés J. B. MILLET , COUGNIAC-MION , Ste-JAMES, LAGOURGUE , LEBUGNET , CHESNAUD DE LAMAIGRIERE.

---

* On ne sait par quelle raison M. le Secrétaire (ami de M. Brissot) que M. le Pré-sident a chargé le 5 au matin de la lecture de cette lettre , l'a retardée jusqu'au lendemain.